Pe. GERVÁSIO FABRI DOS ANJOS, C.Ss.R.

NOVENA DE SANTA LUZIA

Coordenação Editorial: Elizabeth dos Santos Reis
Revisão: Ana Lúcia de Castro Leite
Diagramação: Juliano de Sousa Cervelin
Capa: Bruno Olivoto

ISBN 85-7200-807-1

Com aprovação eclesiástica

Aloísio Card. Lorscheider
Arcebispo de Aparecida-SP
19 de março de 2003

10ª impressão

Rua Pe. Claro Monteiro, 342 – 12570-045 – Aparecida-SP
Tel.: 12 3104-2000 – Televendas: 0800 - 0 16 00 04
www.editorasantuario.com.br
vendas@editorasantuario.com.br

Santa Luzia

A veneração a Santa Luzia nasceu pouco tempo após sua morte, 13 de dezembro de 303, período de grandes perseguições aos cristãos. Jovem de grande beleza, pertencia a uma rica família, nobre e cristã, na cidade de Siracusa, Itália. Com boa formação religiosa, Luzia preservou-se de toda influência pagã de seu tempo, crescendo nas virtudes.

Provavelmente ainda era bastante jovem quando seu pai morreu. Como de costume na época, a mãe sonhava com um casamento para sua filha. Luzia ficou assustada quando um jovem pagão e muito rico colocou-se como seu pretendente. No íntimo, Luzia desejava consagrar-se toda a Deus, mas com a insistência da mãe, pediu-lhe tempo para tomar uma decisão. Nesse período, a mãe ficou gravemente doente, desenganada. Luzia convenceu-a de visitar o túmulo de Santa Águeda, na cidade de Catânia, para pedir-lhe a graça da cura. Santa Águeda foi martirizada no ano 250, pelo imperador Décio, e seu túmulo é muito visitado por romarias.

A tradição diz que Luzia, enquanto rezava junto ao túmulo de Santa Águeda, sentiu uma voz em seu íntimo: "Querida irmã Luzia, o que você deseja de mim? É a cura de sua mãe? Ela já está curada devido à fé que você tem em Deus! Luzia, assim como aprouve a Deus glorificar-me pelo martírio em Catânia, assim também fará com você em Siracusa. Luzia, você preparou para Deus uma morada santa em seu coração, através de sua pureza e de sua virgindade!"

Com a mãe já curada, Luzia teve de enfrentar novamente a proposta de casamento do jovem pagão. Porém, sua decisão já havia sido tomada junto de Deus; desejava ser uma virgem consagrada somente ao Senhor, o Deus único. O jovem pagão não se conformou e jurou vingar-se através do ódio declarado e passou a persegui-la constantemente. Seu ódio cresceu ainda mais quando soube que Luzia distribuiu aos pobres seu patrimônio familiar que lhe competia como dote de casamento. Ela, que havia cativado a todos com sua bondade e pureza de coração, começava seu martírio, rumo ao calvário.

Acusada diante das autoridades romanas, o juiz exigia dela casar-se com o jovem pagão e fazer sacrifícios aos deuses pagãos. A jovem Luzia, delicada e meiga, fortalecida pelo Espírito de Deus, respondeu-lhe: "A um só Deus eu adoro! Só a ele eu pertenço e a ele prometi meu amor e minha fidelidade!" Mais irritados, ameaçaram Luzia com torturas e prometeram entregá-la à prostituição. "Deus conhece meu coração e sabe que não quero pecar. Podem pôr incenso em minha mão e ela no fogo, Deus me julgará por aquilo que sou e nunca por aquilo que fui coagida a fazer!" Depois de açoitada, presa no cárcere, passando fome e sede, diz a tradição posterior que arrancaram-lhe os olhos, donde lhe vem o título de protetora contra as doenças dos olhos. Enfraquecida pela dor, foi decapitada no dia 13 de dezembro de 303. Luzia, cujo nome significa "Luz", passou a contemplar a Luz Eterna de Deus, na glória divina.

O culto a Santa Luzia espalhou-se na Europa, na Rússia e na América. Seu nome é citado entre as virgens e os mártires do século III e IV, Águeda, Inês, Bárbara, Cecília, Catarina de Alexandria.

Orações para todos os dias

— Em nome do Pai, do Filho e do Espírito Santo.
— **Amém.**

Oferecimento da Novena

Deus Pai, Deus de bondade e misericórdia, eu vos suplico nesta novena, por intercessão de Santa Luzia, todas as graças espirituais necessárias para minha salvação. Concedei-me a fé ardente e corajosa, a constância na prática do bem, e que meus olhos se abram para ver as necessidades de meus irmãos. Iluminai minha inteligência, inflamai minha vontade, purificai meu coração e santificai minha alma.

Santa Luzia, intercedei por mim. (*Fazer o pedido da graça particular que deseja.*) Ajudai-me, bondosa Virgem e Mártir, a possuir a pureza do coração, a modéstia dos costumes, um procedimento cristão e exemplar, uma vida correta e santa. Amém.

Reflexão e Oração do Dia

(Ver à frente em cada dia)

Conclusão

Pelas intenções da Novena: Pai-nosso – Ave-Maria.

Oração final

Deus de poder e misericórdia, vós que assististes Santa Luzia nos momentos de provação e sofrimentos, concedei-me por meio dessa vossa serva a graça de imitá-la na proclamação da fé, no testemunho de vida cristã, no amor incondicional a vós, meu Deus e meu Senhor.

Santa Luzia, virgem e mártir, ajudai-me a vencer a sensualidade pela austeridade, a avareza pela generosidade, a cólera pela mansidão e a tibieza pelo fervor. Protegei e iluminai os olhos de meu corpo e de meu espírito para que eu possa louvar e servir sempre a Deus nesta vida e contemplar sua glória eterna no céu. Assim seja!

1º Dia

A LUZ DA FÉ

1. Palavra de Deus

"Com toda esperança Abraão não vacilou na fé... não fraquejou, deixando-se levar pela incredulidade, mas ao contrário, fortalecido pela fé, ele deu glória a Deus" (Rm 4,18-20). "Nisso reconhecemos o espírito de Deus: é de Deus toda inspiração que leva a acreditar que Jesus Cristo se fez carne, veio como homem; e não é de Deus todo espírito ou inspiração que não mostra sua fé em Jesus" (1Jo 4,2-3).

2. Reflexão

Santa Luzia é invocada nas doenças dos olhos, mas com sua vida ela nos ensina que a cegueira da fé, mais do que a cegueira física, é o pior de todos os males.

A fé inclui a fidelidade a Deus nas tentações de se prestar culto a outros deuses: dinheiro, poder, prazer, o orgulho da vida. A fé supõe, em sua plenitude, o acolhimento confiante e amoroso da pessoa de Jesus, enviado de Deus. Em Jesus acolhemos a Palavra de Deus, presente no meio de nós; nele adquirimos a firmeza, a constância, a perseverança. Santa Luzia é um modelo da fé que iluminou sua vida. Diante dos deuses pagãos, diante das solicitações da riqueza e do prazer, ela soube dizer não a tudo e acolher Deus como seu único Senhor.

3. Oração

Gloriosa Virgem e Mártir Santa Luzia, pela fé inabalável que abriu os olhos de vossa alma para contemplar e acolher Deus como tudo em sua vida, nós vos pedimos: Que tenhamos a luz da fé, o amor que acolhe Jesus como nosso Salvador e tudo o que ele nos ensina através de sua Igreja. Santa Luzia, intercedei por nós nas dificuldades e tentações de nosso corpo e de nossa alma, nas doenças que nos afligem, em nossa falta de fé e confiança em Deus. Livrai-nos da idolatria dos deuses de hoje, da vaidade, do orgulho, do apego às riquezas, dos prazeres pecaminosos.

4. Conclusão *(ver p. 8)*

2º Dia

CHAMADO A SER DE DEUS

1. Palavra de Deus

"Bendito seja Deus, Pai de nosso Senhor Jesus Cristo... que nele nos escolheu para sermos santos e irrepreensíveis a seus olhos,... para que por amor fôssemos seus filhos adotivos por Jesus Cristo... Nele é que fomos escolhidos, predestinados conforme seu plano de amor" (Ef 1,3s.).

2. Reflexão

Santa Luzia, apesar de viver numa sociedade pagã, tornou-se uma santa. A graça de Deus nela foi cultivada através de sua família e da comunidade cristã que frequentava. Seus pais souberam deixar-lhe a herança religiosa do santo temor a Deus, dos bons costumes, da pureza de coração e do amor à verdade.

O mundo, hoje, também é pagão. Como cristãos, é preciso imitar Santa Luzia na decisão de ser santos: "Como é santo aquele que vos chamou, tornai-vos santos em todo vosso comportamento" (1Pd 1,15). Que as famílias se preocupem em deixar uma herança de fé, de amor a Deus. Que uma vida santa nos faça fugir dos vícios, da infidelidade, do relaxamento na prática religiosa, do roubo e da devassidão. Os valores da vida cristã nascem da escolha que fizemos nas promessas de nosso batismo. Santa Luzia, no momento de seu martírio, já era uma alma possuída, não pelo mundo que passa, mas por Deus que permanece.

3. Oração

Santa Luzia, minha querida protetora, concedei-me o vigor de andar sempre no caminho de uma vida santa. Que eu aprenda como é pequeno o que é da terra, como é grande o que é divino; breve o que é desta vida e duradouro o que é eterno. Santa Luzia, ajudai-me a ter sede de Deus e que o encontre agora e na hora de minha morte. Amém.

4. Conclusão *(ver p. 8)*

3º Dia

O DESAPEGO

1. Palavra de Deus

"Revelai-me, ó Senhor, qual é meu fim, qual é o número e a medida de meus dias para que eu veja o quanto é frágil minha vida! Vós fizestes meus dias de poucos palmos e perante vós minha vida é quase um nada! Toda pessoa é como um sopro; ela passa como a sombra; ajunta riquezas sem saber quem vai usá-las" (Sl 38).

2. Reflexão

A fragilidade e a brevidade da vida nos alertam para não cairmos na tentação do apego às coisas que passam. Santa Luzia teve a luz interior de perceber os ídolos que ainda hoje nos cercam: o dinheiro, o luxo, o prazer desenfreado, a prepotência, o orgulho, a segurança da vida colocada em coisas que a ferrugem consome, a traça rói, o ladrão rouba (Mt 6,19). Embora jovem, com toda uma proposta de vida tranquila e rica, Luzia soube superar os ídolos que deformam nossa vida de filhos de Deus. Peçamos a ela que abra nossos olhos e ilumine nossos corações com a claridade da luz de Deus. Só assim aprenderemos a usar com dignidade e justiça os dons que recebemos de Deus. Dia virá em que tudo deixaremos neste mundo. Por que não relativizar as coisas que nos cercam e as preocupações que nos assaltam?

3. Oração

Acendei, Senhor, vossa luz em nossos corações para que, livres de todo erro, andemos no caminho de vossos mandamentos. Por intercessão de Santa Luzia, que jamais prestemos culto aos deuses do ter, do prazer, do oprimir, da ganância. Santa Luzia, intercedei por nós. Dai-nos o espírito da bondade, da compaixão, do amor pelos que sofrem. Santa Luzia, curai-nos da cegueira do corpo e da alma. Amém!

4. Conclusão *(ver p. 8)*

4º Dia

CONSOLAR OS AFLITOS

1. Palavra de Deus

"Bendito seja o Deus e Pai de Nosso Senhor Jesus Cristo, o Pai das misericórdias e o Deus de toda consolação! Deus nos consola em todas as nossas tribulações para que nós possamos também consolar aqueles que estão em qualquer tribulação através da consolação que nós mesmos recebemos de Deus" (2Cor 1,3-4).

2. Reflexão

Quando Luzia rezava no túmulo de Santa Águeda, uma voz interior lhe disse: "Luzia, você preparou uma morada santa para Deus através de sua pureza de vida e de sua virgindade". Isso significa que a jovem mártir mantinha uma convivência muito grande com Deus. Essa convivência tornava-lhe fácil falar de Deus para os irmãos angustiados e sofridos. Sua boca dizia segundo a abundância de seu coração.

Consolar alguém é, antes de tudo, ajudar a pessoa a se aproximar do "Deus de toda consolação!" Seria um erro usurpar o lugar de Deus; seria uma ilusão querer apoiar-se no meramente humano. Quando você foi consolado por Deus na dor, o que aprendeu? O que sobrou? A experiência de que Deus é amor, é Pai, é fiel, nunca falha e nunca nos faltará. Como em Santa Luzia, tornará você mensageiro da consolação de Deus!

3. Oração

Ó Senhor, vós sois bom, clemente e fiel! Vós sois o perdão para quem vos invoca, sois amor e paciência com vossos filhos. Por intercessão de Santa Luzia, atendei minha prece e dai-me vosso consolo. Santa Luzia, amparo e consolo para todos os que sofrem, intercedei por nós e protegei-nos de todos os males dos olhos. Amém.

4. Conclusão *(ver p. 8)*

5º Dia

SER TESTEMUNHA DE JESUS

1. Palavra de Deus

"Vós sois a luz do mundo. Brilhe vossa luz diante dos homens para que, vendo vossas boas obras, glorifiquem vosso Pai que está no céu" (Mt 5,14). "Felizes sereis quando vos odiarem, vos insultarem e vos perseguirem por causa de meu nome. Alegrai-vos porque será grande vossa recompensa no céu" (Lc 6,22). "Por isso não se envergonhem do testemunho que deveis dar do Senhor" (2Tm 1,8).

2. Reflexão

Testemunhar Jesus Cristo inclui a maneira de viver, de ser e de fazer as coisas. Não é só falar mas, acima de tudo, estimá-lo sinceramente através de nosso comportamento que mostra e proclama nossa fé no que ele nos ensinou e nos deixou através de sua Igreja. Testemunhar Jesus é valorizar e ensinar o modo novo de vida cristã; vivendo e crescendo em Comunidade.

Vivendo no mundo pagão, Santa Luzia sendo rica não se prendeu ao poder e ao prazer. Jovem e formosa, mostrou a beleza dos valores de uma vida pura. Diante dos deuses pagãos, fez a profissão de fé, em um Deus único e Senhor. O preço de tudo foi seu martírio. Você se considera também uma testemunha de Jesus Cristo no mundo de hoje?

3. Oração

Jesus, fortaleza dos mártires, iluminai meu espírito e mostrai-me vossa face para que eu proclame com firmeza e constância vossa glória. Santa Luzia, virgem e mártir, diante dos ídolos do mundo moderno, tornai-me prudente nas decisões, corajoso nos perigos, paciente na adversidade e humilde na prosperidade. Tornai-me um fiel discípulo de Jesus. Amém.

4. Conclusão *(ver p. 8)*

6º Dia

A FIRMEZA NA FÉ

1. Palavra de Deus

"É preciso que vocês perseverem na fé, firmados sobre bases sólidas, sem se deixar desviar da esperança prometida pelo Evangelho que vocês ouviram" (Cl 1,23). "Cuidado com os falsos profetas que vêm a vós com aparência de ovelhas, mas por dentro são lobos vorazes" (Mt 7,15).

2. Reflexão

A fé é uma graça, fruto da iluminação divina. "A fé que vocês receberam não se baseia na sabedoria dos homens, mas no poder de Deus" (1Cor 2,4). A perseverança e firmeza na fé supõem os cuidados que alimentam e protegem esse dom. Como o vento apaga a chama de uma vela, o pecado, as imprudências e os descuidos podem apagar a fé em nossa vida.

Na vida de Santa Luzia é fácil ver sua firmeza e perseverança na fé. Atormentada com castigos físicos e morais, e ameaçada de ser induzida ao pecado, Luzia demonstrou sua firmeza na fé, dizendo: "Deus conhece meu coração; ele sabe que jamais minha vontade deseja ofendê-lo". Sejamos corajosos, perseverantes, firmes na fé.

3. Oração

Fiel serva do Senhor, gloriosa Santa Luzia, compreendestes que a fé é mais importante que a luz dos olhos, e por isso não vos abalastes diante das perseguições e sofrimentos, mas guardastes a fé. Nós vos suplicamos que nada apague essa chama em nossa vida. Que jamais a escuridão da tentação ou do pecado facilite que os falsos profetas invadam nosso coração. Guardai-nos, protegei-nos, bondosa Santa Luzia.

4. Conclusão *(ver p. 8)*

7º Dia

REZAR SEMPRE

1. Palavra de Deus

"Jesus rezava em certo lugar e, quando terminou de rezar, um dos discípulos disse-lhe: 'Senhor, ensina-nos a rezar...' Jesus ensinou-lhes a rezar o Pai-nosso" (Lc11,1s.). Os primeiros cristãos "perseveravam na doutrina dos apóstolos, na vida em comunidade, na fração do Pão (eucaristia) e nas orações" (At 2,42).

2. Reflexão

A oração é uma conversa com Deus. Conversamos com Deus sozinhos e conversamos com ele em família, na Comunidade. "Antes de mais nada — dizia São Paulo — recomendo a vocês que peçam, rezem sempre, agradeçam a Deus. Por isso, quero que rezem em todo lugar, erguendo para o céu mãos puras, sem ódio, sem desavenças" (1Tm 2,1.8). É na oração que nossa mente se encontra com Deus. Nele pomos nossa confiança; com humildade suplicamos sempre, por nós e pelos outros, por todas as necessidades que nos envolvem. Todos os santos foram pessoas de conversar muito com Deus. Na vida de Santa Luzia destacam-se a piedade, a pureza de coração e sua união com Deus; porém, foi na oração que Deus pôde falar-lhe em seu espírito.

3. Oração

Senhor Deus nosso Pai, por intercessão de Santa Luzia eu vos imploro a graça de rezar sempre e de nunca me esquecer de o fazer. Impuro, venho à fonte da misericórdia; cego, aproximo-me da luz da eterna claridade; pobre e indigente, recorro a meu Senhor do céu e da terra. Curai minha fraqueza, lavai meus pecados, iluminai minha cegueira; enriquecei minha pobreza, vesti minha nudez. Senhor, que possa vos contemplar face a face na eternidade do céu. Amém.

4. Conclusão *(ver p. 8)*

8º Dia

VER COMO DEUS VÊ

1. Palavra de Deus

"A lâmpada do corpo é o olho. Se pois, teu olho é são, todo o teu corpo estará na luz. Mas se teu olho é doente, todo o teu corpo estará em trevas, e quanto são densas essas trevas" (Mt 6,22s.).

2. Reflexão

Dizem que a mãe vê o interior de seus filhos através dos olhos. Os olhos são a luz da alma; neles refletem o interior de nossa consciência e nosso espírito. Nossos olhos também são portas por onde poderão entrar o bem e o mal. Através dos sentidos podemos construir em nosso coração o céu com a pureza de Deus, ou construir um inferno com toda a maldade do pecado. É preciso ser vigilantes, mortificados também no olhar. Do olhar ao desejo a distância é pequena.

Santa Luzia, que teve seus olhos arrancados no martírio, certamente encantava pela pureza da alma, pela simplicidade, bondade, sinceridade de seu coração. Ter um olhar sadio envolvido na luz de Deus, olhar que suporta a Luz Divina, é a maior graça que Santa Luzia poderá lhe conceder. Seus olhos são doentes pelo pecado, pela avareza, pela luxúria, pela ambição, pelo ódio, pela curiosidade do prazer?

3. Oração

Gloriosa Santa Luzia, protetora de nossos olhos, intercedei por nós não só pela saúde de nossos olhos do corpo, mas pela saúde de nossa alma. Por vossa pureza e por vosso martírio que tanto louvaram a Jesus e testemunharam a glória de Deus, nós vos pedimos a virtude da modéstia. Nosso corpo e nosso coração tantas vezes manchados pelo pecado vos suplicam a graça da cura e da libertação. Santa Luzia, rogai a Deus por nós.

4. Conclusão *(ver p. 8)*

9º Dia

AS TENTAÇÕES

1. Palavra de Deus

"Que ninguém, ao ser tentado, diga: É Deus que me tenta! Deus não pode ser tentado a fazer o mal. Ele não tenta ninguém. Cada um é tentado por sua própria concupiscência que o atrai e o conduz. Depois a concupiscência, tendo concebido, dará à luz o pecado e, atingindo seu termo final, gera a morte. Não vos enganeis" (Tg 1,13-15).

2. Reflexão

Embora a história nos conte pouco sobre a vida de Santa Luzia, podemos imaginar os momentos difíceis que passou, a tentação em abraçar o caminho fácil da riqueza, do prazer. Ela podia ser livre de todo o martírio que sofreu se tivesse cedido à tentação.

A tentação é o momento do "sim ou não", chamado também de provação. Não há meio termo. Ela conduz ao pecado. O pecado é o distanciamento de Deus; estar longe da luz e nas trevas; longe do calor e no frio. Entre o vivo e o morto está o doente. Cuide-se para não se tornar doente e ser levado à morte! "Deus é fiel; não vai permitir que sejamos tentados acima de nossas forças. Com a tentação, nos dará os meios para sair dela e a força de suportá-la" (1Cor 10,13).

3. Oração

Meu Deus e meu Senhor, por intercessão de Santa Luzia, eu vos peço: iluminai minha inteligência, inflamai minha vontade, purificai meu coração e santificai minha alma. Arrependo-me de meus pecados. Santa Luzia, ajudai-me a repelir as tentações do pecado, a corrigir minhas más inclinações, a afastar-me das ocasiões de pecar. Desejo praticar as virtudes, perdoar meus irmãos, rezar sempre. Santa Luzia, ajudai-me a ser fiel a Jesus; livrai-me do espírito do mal. Amém.

4. Conclusão *(ver p. 8)*

CÂNTICOS

1. Há um barco esquecido na praia

1. Há um barco esquecido na praia; já não leva ninguém a pescar. É o bardo de André e de Pedro, que partiram pra não mais voltar. Quantas vezes partiram seguros, enfrentando os perigos do mar. Era chuva, era noite, era escuro, mas os dois precisavam pescar...

De repente aparece Jesus, pouco a pouco se acende uma luz. É preciso pescar diferente, que o povo já sente que o tempo chegou. E partiram, sem mesmo pensar nos perigos de profetizar. Há um barco esquecido na praia... um barco esquecido na praia...

2. Há um barco esquecido na praia, já não leva ninguém a pescar. É o barco de João e Tiago, que partiram pra não mais voltar. Quantas vezes em tem-

pos sombrios, enfrentando os perigos do mar, barco e rede voltavam vazios, mas os dois precisavam pescar.

3. Quantas barcos deixados na praia! Entre eles o meu deve estar. Era o barco dos sonhos que eu tinha, mas eu nunca deixei de sonhar. Quantas vezes enfrentei o perigo, no meu barco de sonho a singrar. Jesus Cristo remava comigo: eu no leme, Jesus a remar...

De repente me envolve uma luz e eu entrego o meu leme a Jesus! É preciso pescar diferente, que o povo já sente que o tempo chegou. E partimos pra onde Ele quis, tenho cruzes mas vivo feliz. Há um barco esquecido na praia, um barco esquecido na praia, um barco esquecido na praia.

2. Me chamaste para caminhar

1. Me chamaste para caminhar na vida contigo, decidi para sempre seguir-te, não voltar atrás. Me puseste uma brasa no peito e uma flecha na alma, é difícil agora viver sem lembrar-me de ti.

Te amarei, Senhor, te amarei, Senhor, eu só encontro a paz e a alegria bem perto de ti. (bis)

2. Eu pensei muitas vezes calar e não dar nem resposta, eu pensei na fuga esconder-me, ir longe de ti. Mas tua força venceu e ao final eu fiquei seduzido, é difícil agora viver sem saudades de ti.

3. Ó Jesus, não me deixes jamais caminhar solitário, pois conheces a minha fraqueza e o meu coração. Vem, ensina-me a viver a vida na tua presença, no amor dos irmãos, na alegria, na paz, na união.

3. Eis-me aqui, Senhor

Eis-me aqui, Senhor! Eis-me aqui, Senhor! Pra fazer tua vontade, pra viver do teu amor, pra fazer tua vontade, pra viver do teu amor, eis-me aqui, Senhor!

1. O Senhor é meu Pastor que me conduz, por caminhos nunca vistos me enviou, sou chamado a ser fermento, sal e luz, e por isso, respondi: aqui estou!

2. Ele pôs em minha boca uma canção, me uniu como profeta e trovador, da história e da vida do meu povo, e por isso, respondi: aqui estou!

4. Escutei teu chamado

1. Um dia escutei teu chamado, divino recado, batendo no coração. Deixei deste mundo as promessas, e fui bem depressa no rumo de tua mão.

Tu és a razão da jornada, tu és minha estrada, meu guia, meu fim. No grito que vem de meu povo, te escuto de novo chamando por mim.

2. Os anos passaram ligeiro, me fiz um obreiro de paz e amor. Nos mares do mundo navego, às redes me entrego, seguindo meu Senhor.

3. Embora tão fraco e pequeno, caminho sereno com a força que vem de ti. A cada momento que passa, revivo esta graça, de ter sinal aqui.

5. Senhor, se tu me chamas

Senhor, se tu me chamas, eu quero te ouvir. Se queres que eu te siga, Senhor, estou aqui. (bis)

1. Profetas te ouviram e seguiram tua voz, andaram mundo afora e pregaram sem temor. Seus passos tu firmaste, sustentando seu vigor. Profeta tu me chamas: vê, Senhor, aqui estou!

2. Nos passos de teu Filho, toda Igreja também

vai, seguindo teu chamado de ser santa qual Jesus. Apóstolos e mártires se deram sem medir. Apóstolo me chamas: vê, Senhor, estou aqui!

6. Cristo, quero ser instrumento

1. Cristo, quero ser instrumento, de tua paz e do teu infinito amor; onde houver ódio e rancor, que eu leve a concórdia, que eu leve o amor.

Onde há ofensa que dói, que eu leve o perdão; onde houver a discórdia, que eu leve a união e tua paz.

2. Mesmo que haja um só coração, que duvida do bem, do amor e do céu, quero com firmeza anunciar, a Palavra que traz a clareza da fé.

3. Onde houver erro, Senhor, que eu leve a verdade, fruto de tua luz. Onde encontrar desespero, que eu leve a esperança de teu nome, Jesus.

4. Onde eu encontrar um irmão a chorar de tristeza, sem ter voz e nem vez, quero bem em seu coração, semear alegria, pra florir gratidão.

5. Mestre, que eu saiba amar, compreender, consolar e dar sem receber. Quero sempre mais perdoar, trabalhar na conquista e vitória da paz.

Este livro foi composto com as famílias tipográficas Arial, Optima, SnellRoundhand e Times New Roman e impresso em papel Offset 75g/m² pela **Gráfica Santuário.**